Sina Nuêmo

Kinderhoroskop für die Erstgeborene

AF535261

Sina Nuêmo

Kinderhoroskop für die Erstgeborene

klare Denkweise und machtvoller Wille

Goldene Rakete Verlag für Belletristik

Imprint
Any brand names and product names mentioned in this book are subject to trademark, brand or patent protection and are trademarks or registered trademarks of their respective holders. The use of brand names, product names, common names, trade names, product descriptions etc. even without a particular marking in this work is in no way to be construed to mean that such names may be regarded as unrestricted in respect of trademark and brand protection legislation and could thus be used by anyone.

Cover image: www.ingimage.com

Publisher:
Goldene Rakete Verlag für Belletristik
is a trademark of
International Book Market Service Ltd., member of OmniScriptum Publishing Group
17 Meldrum Street, Beau Bassin 71504, Mauritius

Printed at: see last page
ISBN: 978-620-2-44454-5

Copyright © Sina Nuêmo
Copyright © 2018 International Book Market Service Ltd., member of OmniScriptum Publishing Group
All rights reserved. Beau Bassin 2018

Inhaltsverzeichnis[1]:

[1] Vgl. Liz Green und Astrodienst AG.

I. Der psychologische Typus Ihres Kindes

1. Ein freundliches und angenehmes Wesen

Sie besitzt einen klaren, kraftvollen und objektiven Verstand und ist auf dem besten Weg, sich zu einer Persönlichkeit zu entwickeln, die stets die Vernunft gegenüber dem Chaos und die Harmonie gegenüber dem emotionalen Aufruhr bevorzugen wird. In ihrem fröhlichen, sonnigen Wesen und ihrer Begierigkeit, Dinge zu erforschen und die Umgebung kennenzulernen, zeigen sich bereits beträchtliche Intelligenz und eine angeborene frohe Lebenseinstellung. Sie ist ein von Natur aus anständiges Kind, das Höflichkeit, Ausgewogenheit und Klarheit in allen ihren Interaktionen mit anderen – besonders mit Eltern und Geschwistern – braucht. Außerdem braucht sie sehr viel geistige Anregung. Selbst wenn innerhalb der Familie bisher wenig Neigung zu intellektuellen oder kulturellen Interessen bestand, wäre es diese zusätzliche Anstrengung durchaus wert, um ihren sich allmählich entwickelnden geistigen Bedürfnissen entgegenzukommen. Nichts würde sie mehr stören als eine engstirnige oder wenig mitteilsame Familie und eine emotionsgeladene Atmosphäre. Sie ist im Grunde ein luftiges Wesen, das viel Spielraum und Heiterkeit braucht und sich von Freunden umgeben sehen will. Sie ist von Natur aus schnell und wortgewandt und hat die angeborene Fähigkeit, Tatsachen festzustellen, abzuwägen und zu analysieren – eine Gabe, die ihr in der Schule und im späteren Leben sehr zugute kommen wird. Wahrscheinlich zeigt sie auch ein ungewöhnliches Organisationstalent, kann sich ihre Zeit einteilen und ist auch in der Lage, die Gültigkeit der Gefühle und Bedürfnisse anderer anzuerkennen – ob diese nun mit ihren eigenen übereinstimmen oder nicht. Dies führt zu einem gerechten und zutiefst anständigen Wesen mit einem größeren Maß an Objektivität als bei vielen anderen Kindern.

Von Natur aus eine begabte Vermittlerin, erkennt sie im eigenen Verhalten oder dem anderer sofort alles, was in ihren Augen „unfair“ ist – und sie wird auf ihre Weise alles in ihrer Macht stehende tun, um das Gleichgewicht wiederherzustellen – selbst auf Kosten ihrer eigenen emotionalen Bedürfnisse. Es gibt bestimmte Dinge, die äußerst zerstörerisch auf ihr Selbstvertrauen und ihre Fähigkeit wirken, das Beste aus ihren sich allmählich entwickelnden Begabungen zu machen. Dazu gehören z. B. krass einseitige Bevorzugungen innerhalb der Familie, an Bedingungen geknüpfte Liebe, die davon abhängig ist, ob die Eltern mit ihr zufrieden sind, und emotionale Manipulation durch das Einimpfen von Schuldgefühlen. Sie braucht und verdient Aufrichtigkeit, Klarheit und Vernunft von Seiten der Menschen in ihrer Umgebung, denn sie hat eine angeborene ethische Grundhaltung mit einem tief in ihrem Wesen verankerten Gefühl für richtig und falsch, das höher entwickelt ist als bei vielen Erwachsenen.

2. Mit emotionalen Bedürfnissen zurechtkommen

Da sie von Natur aus stark der Welt des Geistes zuneigt, hat sie möglicherweise große Angst vor der Macht und Sprengkraft ihrer Emotionen. Es steckt eine emotionale Intensität und Verletzbarkeit in ihr, die sehr oft in Konflikt mit ihrem Wunsch geraten kann, Harmonie, Klarheit und Gerechtigkeit in sich selbst und in der äußeren Welt zu wahren. Im Gegensatz zu ihrem frühreifen, hoch entwickelten Verstand zeigen ihre Emotionen etwas sehr Ungebärdiges und Rohes. Das mag sich in recht heftigen Wut- und Schreianfällen zeigen, die wie der sprichwörtliche Vulkan ohne Vorwarnung ausbrechen. Da sie starke Emotionen – seien es ihre eigenen oder die anderer Menschen – etwas bedrohlich findet, wird sie Konfrontationen möglichst lange vermeiden. Wut ist etwas besonders Erschreckendes – und die Eltern sollten auf alle Fälle erkennen, dass dieses Kind keine harte Kämpfernatur hat und lauten, aggressiven Familienstreitigkeiten nicht gewachsen ist. Ihre Gefühle geraten dann in eine Art seelischen Dampfdrucktopf, und es kommt zu extremen Stimmungsschwankungen zwischen lammfromm und fuchsteufelswild, die für alle recht überraschend sind – und am meisten für sie selbst. Zeiten von unerklärlicher Reizbarkeit und Zurückgezogenheit werden nichts Ungewöhnliches sein, und möglicherweise neigt sie auch zu plötzlichen Gefühlen großer Einsamkeit und Isolation, die sie nicht recht äußern kann. Auch kommen bestimmte Reaktionen bei ihr erst mit beträchtlicher Verzögerung – sie fühlt sich verletzt oder wütend und merkt es vielleicht gar nicht. Die Anzeichen ihres Unbehagens zeigt sie dann erst eine Stunde oder sogar eine Woche später. Dieser eigenartige zeitliche Abstand zwischen Ereignis und Erkennen der Gefühle wird vermutlich größer werden, wenn sie älter wird – zur Überraschung der Eltern, die aus Zufriedenheit über ihr anständiges und artiges Kind vielleicht bestimmte Notsignale übersehen haben. Diese Signale – z. B. psychosomatische Symptome, Appetitmangel, stundenlanger Rückzug in ihr Zimmer oder die plötzliche Weigerung, zur Schule zu gehen – sind ihre einzige Möglichkeit, für sie übermächtige und bedrohliche Gefühle zu äußern.

Sie entwickelt vermutlich schon früh einen inneren Kodex moralischer Vorstellungen, der sich im Laufe ihrer Entwicklung vielleicht noch weiter verfeinert, der aber im Wesentlichen den Hintergrund dafür bildet, wie sie das Leben wahrnimmt. Deshalb wäre es wohl keine gute Idee, dem noch allzu viele weitere Moralvorstellungen hinzuzufügen, um sie zu disziplinieren – vermutlich hat sie schon mehr als genug davon. Sie neigt dazu, sich die Verpflichtung aufzubürden, stets ein gutes Mädchen zu sein, und deshalb dürfen ihr nicht auch noch von den Eltern zusätzliche Schuldgefühle eingeimpft werden. Stattdessen braucht sie so viel Hilfe und Unterstützung wie möglich, um den Wert ihrer emotionalen Bedürfnisse zu erkennen – auch wenn diese Bedürfnisse im Gegensatz zu denen der anderen Familienmitglieder stehen.

Die Eltern und andere Menschen in ihrer Umgebung können ihr helfen, sich mehr mit ihren Gefühlen anzufreunden. Sie können ihr genügend Zeit geben, diese Gefühle zu erforschen, und sie können ihr genügend Aufmerksamkeit widmen, wenn sie versucht, diese Gefühle in Worte zu fassen – wie albern, übertrieben oder zornig sie auch scheinbar sein mögen. Auch der Ausdruck bedrohlicher Gefühle durch ein Medium wie Malen, Arbeiten mit Ton oder Tanzen kann sie dazu ermutigen, ihrer eigenen inneren Welt mehr zu vertrauen. Sie möchte es furchtbar gern allen recht machen und ist stets darauf bedacht, das jeweils Richtige zu tun – und daraus könnten andere sehr leicht Nutzen ziehen. Sie muss lernen, Liebe und Mitgefühl für sich selbst zu entwickeln, während sie heranwächst. Da sie immer stärker versuchen wird, ihre inneren und äußeren Erfahrungen zu analysieren und zu verstehen, ist ein fairer und nicht wertender Austausch über ihre Gefühle mit den Eltern äußerst wichtig, damit es ihr gut geht. Ihre vielfältigen geistigen Gaben machen sie zu einem faszinierenden und ungewöhnlichen Kind, das immer die Liebe und Bewunderung anderer auf sich ziehen wird. Diese Begabung muss durch ein Gefühl des Selbstvertrauens und Selbstwertes ausgeglichen werden, damit sie lernen kann, ihr eigenes Herz furchtlos anzublicken.

II. Wesentliche Persönlichkeitsanteile

1. Ein Kind mit dem Bedürfnis nach Zugehörigkeit

Sie ist sich von Geburt an der Tatsache bewusst, dass Menschen keine isolierten Einzelwesen sind. Sie hat instinktiv das Gefühl, zu einer größeren menschlichen Gemeinschaft zu gehören und wird von der Kindheit bis ins spätere Leben Anregung und Unterstützung bei anderen suchen. Schon von klein auf wird sie glücklich sein und aufblühen, wenn sie in Gesellschaft vieler Menschen ist – auch wenn sie sich mit ihren eigenen Spielsachen, Interessen oder Freunden beschäftigt. Wie sehr sie auch momentan von irgendeiner Sache begeistert sein mag, das Gefühl, von einer harmonischen Gruppe umgeben zu sein, ist eine grundlegende Voraussetzung für ihr seelisches Wohlbefinden. Deshalb wird eine Atmosphäre der Kälte und Distanziertheit innerhalb der Familie sie sehr viel stärker bedrücken als andere Kinder. Ganz gleich, vor welchem finanziellen oder sozialen Hintergrund sie aufwächst, sie ist von Natur aus frei von Intoleranz und Sippschaftsdenken. Selbst wenn man innerhalb der Familie versuchen wollte, ihr eng gefasste Wertvorstellungen zu vermitteln, wird sie sich davon freimachen, wenn sie älter wird und mit unfassenderen Vorstellungen in Berührung kommt. Sie wird sich ihre Freunde gemäß ihren eigenen Vorlieben und Abneigungen suchen, statt darauf zu achten, ob sie „der richtige Umgang“ für sie sind. Die Eltern und andere Familienmitglieder sollten auf ihre von Natur aus freundliche Einstellung zu anderen vertrauen, denn in dieser Hinsicht könnten viele Erwachsene eine ganze Menge von ihr lernen.

Sie liebt es, in allen möglichen Situationen neue Menschen kennenzulernen – im Zug, im Flugzeug, in einem Geschäft oder Restaurant, in der Schule oder im Urlaub. Oft wird man beobachten können, dass sie mit fremden Menschen ein Gespräch beginnt, und in der Regel wird sie diejenige sein, die eine Freundschaft mit einem anderen Kind anknüpft. In der Schule wird sie sich sehr gesellig zeigen und überaus beliebt sein, einfach weil sie so ungewöhnlich liebenswürdig ist. Sie wird keine Feindseligkeiten oder Aggressionen auf sich ziehen, weil sie selbst nichts Derartiges empfindet. Auch bei Lehrern und Freunden der Familie wird sie sehr beliebt sein, denn sie ist freundlich und höflich gegen jedermann und wird nur dann Schwierigkeiten machen, wenn andere verletzend oder aggressiv sind. Deshalb wird sie während ihrer ganzen Kindheit viele Freunde haben, obwohl sie möglicherweise immer wieder schnell über diese Freunde hinauswächst und sie durch andere ersetzt. Meist wird sie die Gesellschaft selbst oberflächlicher Menschen dem Alleinsein vorziehen. Sie liebt das Gefühl der Zusammengehörigkeit und wird sich die innerhalb der Familie und später innerhalb einer Gruppe Gleichaltriger vorherrschenden Gewohnheiten, Regeln und Einstellungen schnell zu eigen machen. Sie verstellt sich nicht, um beliebt zu sein, sondern sie fühlt sich wirklich glücklicher und wohler, wenn sie mit anderen harmoniert. Sie ist so geübt darin, sich harmonisch in eine Gruppe einzufügen, dass zuweilen schwer zu erkennen ist, was sie wirklich denkt und fühlt. Doch ihr sanftes Wesen, ihre Fairness und ihr tief empfundenes Gefühl für den Wert anderer Menschen sind nicht aufgesetzt, um Liebe und Anerkennung zu bekommen. Es sind durch und durch echte Eigenschaften, die den Kern ihres Wesens ausmachen.

2. Die Kunst, sich in anderen zu spiegeln

Sie neigt dazu, sich ihre Ansichten über das Leben in einem geistigen Prozess herauszubilden, der sie ständig mit den Meinungen anderer vergleicht. In der frühen Kindheit mag sich dies in einer besonderen Aufmerksamkeit gegenüber allen Stimmungen und Äußerungen der Eltern zeigen, ganz als wäre sie eine Schauspielerin, die auf ihr Stichwort wartet. Wenn sie älter wird, fragt sie vielleicht ständig ihre Eltern, Geschwister und Freunde, was sie denken – soll sie diese Schuhe anziehen, jenes Weihnachtsgeschenk aussuchen, sich in der Schule für ein anderes Thema entscheiden? Sie braucht ständig Rückmeldungen und wird ihre Fragen und Probleme wohl kaum für sich behalten. Das kann ein großer Vorteil sein, denn auf diese Weise haben die Eltern und die übrige Familie reichlich Gelegenheit, an der Entwicklung ihrer Gedanken und Wertvorstellungen teilzunehmen. Doch manchmal mag es auch den Anschein haben, als ob ihr inneres Gefühl der eigenen Identität nicht genügend ausgeprägt sei, als ob sie erst den Spiegel befragen – d. h. die Reaktionen anderer erkunden – müsste, ehe sie weiß, was sie wirklich denkt und fühlt. Sie ist weder schwach noch passiv. Doch um sich bei einer Entscheidung wohl zu fühlen, möchte sie erst eine allgemeine Übereinstimmung herstellen. Dabei wird sie instinktiv versuchen, die ausgewogenste und am wenigsten störende Haltung einzunehmen. Wahrscheinlich braucht sie sehr viel Ermutigung, um ihre wirklichen Gedanken und Gefühle zu äußern. Es wird Zeiten geben, zu denen ihr Bemühen, umgänglich zu sein, sich nicht mit ihren eigenen starken Gefühlen und persönlichen Bedürfnissen verträgt. Vielleicht versucht sie um des lieben Friedens willen, so manche ganz gesunde Wut zu unterdrücken. Das könnte zu einem ausweichenden Verhalten in ihrem Umgang mit anderen führen. Man sollte ihr

Selbstvertrauen aufbauen und bestärken – nicht durch unbegründete Schmeicheleien, sondern durch eine echte Wertschätzung ihrer eigenen Ideen und Gefühle. Je früher ihr die Eltern diese Unterstützung bieten, desto besser. Ihre Fairness, Höflichkeit und Anständigkeit sind wunderbare Eigenschaften – eine Freude für jeden, der mit ihr in Berührung kommt. Doch vielleicht unterschätzt sie sich selbst und misst den Bedürfnissen und Wünschen anderer zu große Bedeutung bei. Auf diese Weise könnte sie nur allzu leicht von Menschen schikaniert und manipuliert werden, die aggressiver sind als sie.

3. Es ist unangenehm, ein Einzelwesen zu sein

Sie mag andere Menschen nicht nur, sondern sie verwandelt sich richtiggehend in sie. Ihre Empfänglichkeit für die emotionale Stimmung in ihrer Umgebung ist so groß, dass sie wahrscheinlich schon sehr früh die Meinungen, Gefühle und Gewohnheiten anderer Familienmitglieder nachahmt. In ihrer chamäleonhaften Art wird sie die gleiche Neigung auch dann zeigen, wenn sie längere Zeit mit anderen Menschen zusammen ist, die nicht unmittelbar zur Familie gehören. Verbringt sie das Wochenende mit den Großeltern, einer Tante oder einem Freund der Familie, so stellen die Eltern bei ihrer Rückkehr möglicherweise fest, dass das Kind, das sie zu kennen glaubten, eine ganze Reihe völlig neuer Verhaltensweise zeigt. Sie ist eine Art lebendes Sammelbecken für das kollektive Bewusstsein der einzelnen Familienmitglieder. Ihre vereinten Wertvorstellungen und Gefühle kommen in ihren Handlungen und ihrer emotionalen Reaktionsweise zum Ausdruck.

Das soll nicht heißen, dass sie keine eigene Identität besitzt; doch sie steht instinktiv in einer seelischen Verbindung zu anderen, die sie unbedingt aufrecht erhalten will. Die Gefahr einer wütenden Auseinandersetzung oder der Isolation ist sehr bedrohlich für sie. Vielleicht verbirgt sie ihre eigenen inneren Bedürfnisse nicht nur, sonder weiß darüber hinaus nicht einmal, dass sie – abgesehen von jenen, die der allgemeinen emotionalen Stimmung innerhalb der Familie entsprechen – überhaupt irgendwelche eigenen Bedürfnisse hat. Im Laufe ihres Heranwachsens wird sie eine Persönlichkeit entwickeln, die flexibel und tolerant genug ist, um andere auf einer sehr tiefgreifenden Ebene zu verstehen. Man wird sich immer darauf verlassen können, dass sie auf die Probleme anderer sympathisch und einfühlsam reagiert.

Doch vielleicht ist sie manchmal viel nachsichtiger und anpassungsfähiger, als für sie selbst gut ist. Vielleicht verschenkt sie allzu schnell ein geliebtes Spielzeug oder sonst einen Gegenstand, nur weil ein anderes, lautstärkeres Kind darauf besteht. Möglicherweise lässt sie auch zu, dass ihr die Geschwister die Schuld für den Unfug in die Schuhe schieben, den sie selbst gestiftet haben, und leidet dann lieber still, als dass sie einen Verlust an Nähe zu ihnen in Kauf nehmen würde. Manchmal hat sie einen etwas verlorenen Blick in den Augen, als trage sie die ganze Last aller menschlichen Traurigkeit auf ihren Schultern. Tatsächlich erlebt sie in gewisser Hinsicht die unausgesprochene Trauer und Verwirrung anderer als ihre eigene, und das macht sie sowohl zutiefst verletzbar als auch sehr einfühlsam. Daher wird sie wohl im Laufe ihrer Entwicklung einige wichtige Lektionen über Realismus und Selbstsicherheit lernen müssen.

4. Es gibt eine größere menschliche Gemeinschaft

Sie lebt in dem angeborenen Gefühl, dass jeder zu ihrer Familie gehört. Sie ist außerdem klug und gewandt und lernt wahrscheinlich schon sehr früh, sich überraschend flüssig auszudrücken. Die Kommunikation mit anderen Menschen ist ein starkes und grundlegendes Bedürfnis für sie – das Gefühl der Nähe zu anderen wird sie hauptsächlich durch Worte und Ideen herstellen. Für sie ist es sehr wichtig, dass sich die Familie für ihre geistige Entwicklung interessiert und sie darin bestätigt. Am glücklichsten fühlt sie sich in einer lebhaften Atmosphäre, in der die einzelnen Familienmitglieder offen miteinander sprechen und alles Mögliche untereinander diskutieren, seien es wichtige oder nebensächliche Dinge. In einer engstirnigen Umgebung ohne viel geistigen Austausch wird sie sichtlich dahinwelken. Sind es die Eltern nicht gewohnt, ihre Gedanken und Gefühle untereinander auszutauschen, so wäre es sehr hilfreich, wenn sie es ihr zuliebe lernen würden. Man muss sich Zeit nehmen für ihre Bemühungen, Worte und Ideen zu formulieren, denn sie wird sichtlich aufleben, wenn sie das Gefühl hat, dass die Menschen in ihrer Nähe wirklich daran interessiert sind, was sie denkt und macht. Sprechen Sie mit ihr über ihre Hausaufgaben, zeigen Sie ihr Bücher, und machen Sie sich die Mühe, ästhetische, schöne Dinge wie etwa Gemälde, Musik und Tanz mit ihr zu teilen, denn ihr Geist schätzt alles Schöne und Verfeinerte. Besonders wichtig ist, dass Sie ihr die bestmögliche Erziehung bieten, auch wenn dies innerhalb der Familie bisher nicht als besonders wichtig angesehen wurde. Ihre lebhafte Neugierde dem Leben und den Menschen gegenüber sollte niemals unterdrückt werden, weder durch eine Art umgekehrten Snobismus – „Wir sind Arbeiter, keine Intellektuellen, also bilde dir ja nichts ein!“ – noch infolge eines heimlichen Neidgefühls – „Wir selbst hatten weder

Zeit noch Geld für so etwas, und was für uns gut genug war, ist auch für dich gut genug!". Sie braucht sehr viel Bewegungsfreiheit auf der geistigen Ebene, viel Gelegenheit, um neue Kontakte zu knüpfen und Freundschaften zu schließen, und alle Möglichkeiten, um die weite Welt außerhalb des elterlichen Heims zu erkunden.

5. Ein Kind, das die Menschen wirklich mag

Ihre große persönliche Anziehungskraft geht auf ihr angeborenes Gefühl der Verwandtschaft mit allen Menschen zurück. Alle Beziehungen sind ihr überaus wichtig, und das kommt nicht einfach nur daher, dass sie anderen gefallen will; vielmehr zeigt sich darin ihr angeborenes Gefühl, zur großen Familie der Menschheit zu gehören – sie ist überzeugt davon, dass erst der Austausch mit anderen Menschen das Leben lebenswert macht. Da sie sich leicht in jede Gruppe oder Gemeinschaft einfügt, der sie angehört, mag es den Anschein haben, als sei sie schwer zu fassen. Sie wird selten Ideen oder Gefühle äußern, die allzu individuell sind und andere befremden könnten. Im Laufe ihres Heranwachsens wird eine Zeit kommen, in der das Leben von ihr verlangt, ihre eigenen Wertvorstellungen zu bestimmen. Immer wieder einmal wird sie sich vor die für sie sehr unangenehme Aufgabe gestellt sehen, sich selbst treu zu bleiben und von der Gemeinschaft missbilligt zu werden. Ist sie wütend oder fühlt sie sich in die Enge getrieben, so kann sie genau wie jedes andere Kind schwierig und rebellisch werden. Doch man sollte bedenken, dass solche Episoden meist eine längere Phase der Ängstlichkeit nach sich ziehen und ihr Bedürfnis nach Sicherheit weiter steigern. Konfliktsituationen lassen ihre tiefste Angst wach werden: die Angst davor, isoliert zu sein. Sie ist von ihrem Wesen her tolerant und anständig. Sie mag die Menschen und wird daher immer versuchen, eine diplomatische Lösung zu finden. Folglich könnte sie leicht die Rolle der Schiedsrichterin und Vermittlerin übernehmen, wenn Familienmitglieder oder Freunde miteinander streiten. Individuelle Anerkennung bedeutet ihr letztlich weniger als die sichere und beglückende Erfahrung, eine Rolle im Leben anderer zu spielen. Für sie ist es wichtig, dass es überall auf der Welt Menschen gibt, die sie als Freund begrüßen.

6. Ein insgeheim äußerst individualistischer Geist

Hinter ihrer liebenswürdigen und geselligen Persönlichkeit verbergen sich viele stark individuelle Eigenschaften, die sie wahrscheinlich schon von klein auf unterdrücken wird, um sich ihr Gefühl der Zusammengehörigkeit mit anderen zu bewahren. Diese verborgene Seite ihres Wesens kann sich in Wutausbrüchen oder wiederkehrenden Phasen aggressiven oder unsozialen Verhaltens äußern, die ihrem gewöhnlichen Wesen völlig fremd zu sein scheinen. Vermutlich fällt es ihr hinterher schwer, über diese Ausbrüche zu sprechen, ja vielleicht versucht sie sogar, die Verantwortung dafür abzuwälzen, indem sie die Schuld ihren Geschwistern oder einem Phantasie-Spielkameraden zuschiebt, der all das störende und destruktive Verhalten verkörpert, das sie selbst nicht äußern kann. Obwohl sie sich der Bedürfnisse anderer besonders deutlich bewusst ist, hat sie insgeheim vielleicht das Gefühl, etwas Besonderes zu sein und es zu verdienen, im Mittelpunkt zu stehen – nur wagt sie es nicht, dies zu zeigen. Im Laufe ihres Heranwachsens mag es recht schwer für sie werden, die verborgene Individualistin in sich mit der Neigung zu vereinbaren, den Wünschen der Menschen nachzukommen, an denen ihr gelegen ist. Auch wenn die Eltern nicht versuchen sollten, diese stärker selbstbezogenen Impulse zu dämpfen, wird sie sie wahrscheinlich selbst unterdrücken, weil sie befürchtet, sie könnten sie den Menschen entfremden, die sie liebt. Doch wenn sie solche Gefühle in sich begräbt, kann sie leicht Schübe der Rastlosigkeit und Ängstlichkeit erleben oder jene Kinder zutiefst beneiden, die in ihrem Selbstausdruck freier sind als sie. Hier können die Eltern helfen, indem sie sie dazu ermutigen, ihre Gefühle und Wünsche offener zu zeigen, anstatt sich ständig Gedanken darüber zu machen, ob sie damit nicht irgendjemanden verletzen könnte. Da sie ein so liebenswürdiges Wesen besitzt, könnte man leicht annehmen, sie habe keine solchen „egoistischen“ Bedürfnisse. Doch ihr individualistischer Geist ist eine große Stärke, die in Einklang mit ihren eher geselligen Eigenschaften gebracht werden muss, damit sie das rechte Gleichgewicht zwischen sich selbst und den anderen finden kann. Dann wird sich auch im Laufe ihrer Entwicklung das Gefühl bei ihr einstellen, dass sie etwas Einzigartiges, Wertvolles, Eigenes zu der Gruppe oder Gemeinschaft beitragen kann, die für sie so wichtig ist.

7. Auflehnung gegen Regeln und Vorschriften

Obwohl sie feste Strukturen und das Gefühl braucht, einen bestimmten Platz einzunehmen, steckt ein kleiner rebellischer Teufel in ihr, der von Zeit zu Zeit erwachen und eine ganze Menge Ärger machen kann. Das mag sich beispielsweise als Wunsch zeigen, andere zu schockieren – auch wenn sie dieses Bedürfnis vielleicht nicht einsehen oder zugeben kann. Möglicherweise verwirren und ängstigen sie diese störenden Antriebe sehr, so dass sich die Eltern viel Zeit nehmen sollten, um mit ihr darüber zu reden, sobald sie ihre Gefühle in Worte fassen kann. Sie könnte ihren heimlichen Individualismus auch über einen Stellvertreter äußern, z. B. indem sie sich eng an einen Schulfreund bindet, der besonders charismatisch oder rebellisch ist. Auch neigt sie dazu, Geschwister oder Gleichaltrige zu Dingen anzustiften, die sie selbst gerne tun würde, aber nicht zu tun wagt. Sie mag für lange Zeit sehr folgsam sein und dann plötzlich, ohne ersichtlichen Grund, explodieren. Und diese Ausbrüche können sich dann durchaus in den allerpeinlichsten Situationen ereignen – beispielsweise in der Öffentlichkeit oder während eines Besuchs bei jemandem, den die Eltern besonders beeindrucken wollen.

Die potentielle Sprengkraft dieses heimlichen Rebellen in ihr hängt davon ab, mit wie viel Gewalt sie unterdrückt wird. Bietet ihr die Familie eine Umgebung, in der eine unbeirrbare „Normalität“ herrscht und das Denken sich entlang allgemein anerkannter Bahnen bewegt, so wird sie dadurch eher in ihrem Sicherheitsbedürfnis und dem Wunsch bestärkt, akzeptiert zu werden. In diesem Fall werden die zerstörerischen Anteile ihrer Persönlichkeit für einen einzigen, wirklich großen Ausbruch aufgespart, der sich dann vermutlich zu Beginn der Pubertät ereignen wird, wenn sexuelle Entdeckungen und eine tiefere emotionale Loslösung von den Eltern ihren Anfang nehmen. Vielleicht wartet die versteckte Rebellin in ihr sogar noch länger, bis ins vorgerückte Erwachsenenalter, und erschüttert dann alle äußere Sicherheit, die sie sich bis dahin aufgebaut hat. Weitaus gesünder und kreativer wäre es jedoch, sie so früh wie möglich dazu anzuhalten, ihr wiederkehrendes Bedürfnis nach mehr Individualismus anzuerkennen und zu verstehen. In diesem Zusammenhang ist es besonders wichtig, dass die Familienmitglieder diese lebendige, manchmal schwierige und unlenksame, jedoch an sich sehr kreative Seite ihrer Persönlichkeit erkennen und unterstützen. Der tief in ihr verborgene individualistische Geist kann dafür sorgen, dass ihr Leben nie stagnieren und sie immer in der Lage sein wird, über ihr Sicherheitsbedürfnis hinaus auch die positiven Möglichkeiten von Freiheit und Veränderung zu erkennen.

8. Ein machtvoller Wille stört die Harmonie

Sie schätzt sich selbst gemäß der Liebe und Zustimmung ein, die sie von anderen bekommt, und sie wird sich für gewöhnlich sehr darum bemühen, es ihnen recht zu machen. Doch ihr Wesen weist auch eine sehr stark konkurrenzhafte, wettkämpferische Seite auf, die zwar normalerweise verborgen, aber doch recht deutlich ausgeprägt ist und zu einer Menge Streit mit Geschwistern und Gleichaltrigen führen kann. Diese konkurrenzhafte Seite, die sich manchmal als besonders ungeduldiges und wechselhaftes Temperament äußert, kann sie insgeheim sehr neidisch auf jeden werden lassen, der mehr Lob, Aufmerksamkeit und Zuneigung zu bekommen scheint – denn am liebsten hätte sie all dies für sich allein. Folglich spricht sie vielleicht oft von „Gerechtigkeit“: „Es ist ungerecht, dass er ein Geschenk bekommen hat und ich nicht!“ oder „Es ist ungerecht, dass sie bis zehn Uhr aufbleiben und fern sehen darf und ich nicht!“ Oberflächlich gesehen, zeigt sich in diesen Klagen ihr feines Gespür für Gruppendynamik und Gerechtigkeit, doch in Wirklichkeit sagt sie damit: „Du bevorzugst jemanden mir gegenüber.“ In der Schule könnten sich ihr geheimer Neid und ihr Konkurrenzdenken auf ganz schräge Weise äußern, indem sie andere Kinder untergräbt und bloßstellt. Doch sie muss ermutigt werden, ihren wettkämpferischen Geist zu erkennen und auszuleben, denn er stellt eine überaus wichtige und wertvolle Seite ihrer Persönlichkeit dar. Er kann ihr zu der Kraft und dem Mut verhelfen, ihre eigenen, individuellen Ziele zu verfolgen und sich dagegen zu wehren, dass andere sie ausnutzen. Obwohl sie für gewöhnlich anpassungsfähig und dazu bereit ist, die Bedürfnisse und Wünsche anderer zu berücksichtigen, besitzt sie auch einen starken Willen, den sie konstruktiv zu äußern und einzusetzen lernen muss. Das wäre weitaus produktiver, als ihn zu unterdrücken – was nur zu Ausbrüchen führen würde, die für sie sehr wichtige Beziehungen empfindlich stören können.

9. Missbilligung riskieren lernen

Ihre verborgene Seite ist stärker, individualistischer und eigenwilliger, als es die Eltern und andere Familienmitglieder vielleicht wahrhaben wollen. Diese Eigenschaften werden im Allgemeinen durch ihr einfühlsames Eingehen auf andere, durch ihre echte Freundlichkeit und ihr Harmoniebedürfnis überdeckt. Eigentlich stellt die Zweiseitigkeit ihres Wesens eine überaus kreative Verbindung dar, denn sie besitzt nicht nur ein besonders liebenswürdiges und freundliches Wesen, sondern auch viel Kraft und Mut. Diese Eigenschaften bedürfen jedoch möglicherweise der Förderung durch Eltern, die ihre Vielseitigkeit verstehen und nicht erwarten, dass ihr Kind immer nur gehorsam und gefällig ist. Sie ist so fein auf die Bedürfnisse anderer eingestimmt und so sehr auf ein Gefühl der Zusammengehörigkeit angewiesen, dass sie im Laufe ihres Heranwachsens Gefahr läuft, sich ein Deckmäntelchen immer währender Freundlichkeit zuzulegen, unter dem sich einige sehr starke, wenn auch unbewusste Gefühle wie Wut, Ärger und Rebellion verbergen. Das soll nicht heißen, dass ihre normalerweise recht angenehme Persönlichkeit eine absichtliche Verstellung ist. Doch vielleicht lernt sie im Laufe ihrer Entwicklung, sie wie eine Tarnkappe aufzusetzen, wenn sie befürchtet, dass ihre zerstörerischen Gefühle an die Oberfläche kommen und andere befremden könnten. Sie muss wirklich lernen, die Missbilligung anderer zu riskieren und ihre eigenen Bedürfnisse und Vorstellungen ehrlich, klar und deutlich zu äußern. Hoffentlich wird sie dann feststellen, dass die Menschen, die sie lieben, ihr mit der gleichen Fairness begegnen, die sie sonst ihnen gegenüber zeigt. Obwohl ihre Gabe, Frieden zu stiften, echt ist und von den Eltern und anderen Familienmitgliedern zweifellos sehr geschätzt wird, muss man ihr manchmal auch erlauben, provozierend und schwierig zu sein.

Dann muss eben zur Abwechslung jemand anders den Schiedsrichter spielen.

10. Ein Kind mit einer klaren Denkweise

Es liegt etwas Übernatürliches in der Art und Weise, wie sie die Welt um sich her sorgfältig beobachtet und sie in einem gedanklichen Prozess zu verstehen sucht, um den sie viele Erwachsene beneiden würden. Auch wenn sie zu jung ist, um das so Gesehene in Worte zu fassen, beobachtet sie diese Welt unablässig – denn sie fasziniert sie immer wieder aufs Neue, und sie bemüht sich ständig darum, den Namen und die Funktion jedes einzelnen Gegenstandes zu verstehen. Wenn sie älter wird, kann sie eine ungewöhnliche Objektivität an den Tag legen, denn sie versucht Situationen losgelöst von den beteiligten Personen zu verstehen. Die Wahrheit als Leitidee wird im Laufe ihres Heranwachsens überaus wichtig für sie werden. Ihr geht es nicht nur um Wissen, sondern auch darum, die Menschen und Ereignisse, mit denen sie zu tun hat, innerhalb für sie sinnvoller Kategorien zu verstehen. „Gut“ und „Schlecht“ spielen eine wichtige Rolle für sie, und die Frage, was Gut und Schlecht eigentlich ausmacht, kann für sie zum Ausgangspunkt vieler Erkundungen, Reflexionen und Konflikte werden. Die Eltern mögen sich manchmal durch ihre ständigen Fragen überfordert fühlen, vor allem dann, wenn sie die entsprechenden Antworten nicht wissen. Doch es wäre bereits eine sehr große Hilfe für sie, wenn sie erkennen würden, wie überaus wichtig es für sie ist, die Welt zu verstehen. Sie setzt wenig Vertrauen in Instinkte oder Impulse, sondern schafft sich ihr Sicherheits- und Stabilitätsgefühl, indem sie alle Menschen und Dinge, die ihr begegnen, zu definieren versucht. Deshalb werden intensive Gefühlsbezeugungen wahrscheinlich dazu führen, dass sie sich unwohl fühlt, und alle „double messages“ – widersprüchliche Signale oder Aufforderungen – werden sie sehr verwirren und ängstigen. Sie braucht eindeutige Erklärungen, klar und genau, ohne verborgenen Doppelsinn, den sie „zwischen den Zeilen lesen“ müsste. Im Laufe ihrer Entwicklung wird sie in der Schule außergewöhnliche intellektuelle Fähigkeiten zeigen. Wahrscheinlich hat sie große Freude an geistiger Disziplin und findet bestimmte Fächer – besonders naturwissenschaftliche – recht aufregend. In der Welt des Geistes fühlt sie sich wie ein Fisch im Wasser, und sie braucht so viel geistige Anregung und eine so gute Bildung, wie ihr die Eltern nur bieten können. Sie besitzt eine hervorragende Begabung, und man sollte einfach alles tun, was im Bereich der Möglichkeiten liegt, um sie hier zu fördern.

11. Die seltene Gabe der Vernunft

So ist sie von Natur aus fair und anständig, mit der Neigung, über sich und die Welt nachzudenken, und einer brennenden Neugier auf das Leben in allen seinen Spielarten. Intelligenz und Aufnahmebereitschaft kennzeichnen ihre Persönlichkeit. Sie wird niemals blindlings in den Tag hinein leben, sondern immer versuchen, den Sinn ihres Lebens zu verstehen. Eines Tages wird sie zu einer Erwachsenen herangereift sein, die kraft ihres Geistes der Welt ein Zeichen setzt. Auch wenn sie sich konventionellen Lernmethoden abgeneigt zeigt, darf man dies keinesfalls als Zeichen der Faulheit oder mangelnder Intelligenz auffassen. Versuchen Sie, ihr eine möglichst gute Schulbildung zu bieten – besonders im Hinblick auf die Qualität und Persönlichkeit der Lehrer. Es lohnt sich, in Bezug auf ihre schulische Ausbildung recht wählerisch zu sein, denn am meisten fühlt sie sich in der geistigen Welt zu Hause, und dort kann sie auch ihre innere Zuversicht und ihr Selbstwertgefühl am besten entwickeln. Auf einer mehr persönlichen Ebene könnte sie ihre angeborene Nachdenklichkeit für ihr Alter merkwürdig erwachsen erscheinen lassen. Sie sieht weiter und tiefer als andere Kinder und ist vielleicht auch ein ganzes Stück realistischer. Letztlich wird das Leben selbst sie dazu bringen, sich mit der Welt ihrer Gefühle und Vorstellungen auseinanderzusetzen, denn ihre instinktive Angst vor Chaos und Unordnung könnte ihr den spontanen Selbstausdruck sehr erschweren. Dieses ernste und vielschichtige Kind muss lernen, dass es durchaus annehmbar ist, schlampig und menschlich zu sein wie alle anderen auch. Die Unterstützung und das Verständnis der Eltern und Familienangehörigen werden sie dazu ermutigen, der Welt ihrer Gefühle und Vorstellungen mehr zu vertrauen und zugleich weiterzuentwickeln, was für sie am aufregendsten ist: eine großartige Schau der im Leben wirksamen Muster und Ordnungen, die zusehends reichhaltiger, tiefer und komplexer wird.

12. Die Bedeutung von Gefühlen und Phantasien

Unter der beherrschten und aufgeräumten Oberfläche ihres Wesens verbirgt sich eine geheime Welt eigenartiger Träume, exotischer Phantasien und aufgewühlter Emotionen. Im Verlauf ihrer Kindheit wird sie die Wirklichkeit mehr und mehr bestimmten Tatsachen und Vorstellungen entsprechend auffassen und darüber das stets veränderliche Kaleidoskop ihrer Gefühle und Phantasien allmählich unterdrücken oder verleugnen. Doch wenn sie lernen kann, diesen inneren Bereich nicht zu fürchten, wird ihr gerade von hier ihre wirklich kreative Schaffenskraft zufließen. Der Austausch zwischen diesen beiden Seiten ihrer Persönlichkeit ist für sie das wichtigste überhaupt, denn auf diese Weise kann sie ihre Suche nach Wissen dafür einsetzen, ihren Gefühlen und Vorstellungen eine zusammenhängende Form zu verleihen. Unglücklicherweise könnten die in der Kindererziehung vorherrschenden Ansichten einen solchen kreativen Austausch erschweren, da die nichtrationale Seite des Lebens – außer in Einrichtungen mit einer besonderen Orientierung wie z. B. anthroposophischen Kindergärten und Schulen – im Allgemeinen nicht genügend beachtet und einbezogen wird. So müssen sich die Eltern möglicherweise besondere Mühe geben, um ihr zu helfen, die Gültigkeit ihrer inneren Welt zu erklären, denn wahrscheinlich wird sie in diesem Bereich kaum noch Bestätigung erfahren, wenn sie erst einmal zur Schule geht – und vor allem hegt sie selbst ein natürliches Misstrauen dagegen. Im Einzelnen sollten Sie sie dazu ermutigen, über ihre Träume – gute wie schlechte – zu sprechen, über ihre merkwürdigen Ahnungen und Intuitionen und über ihre sie beunruhigenden Emotionen. Machen Sie sich nie über ihre Befürchtungen oder kleinen Phobien lustig, denn in solchen Ängsten steckt – auch wenn sie zunächst symbolisch zu verstehen sind – immer auch ein Körnchen Wahrheit. Helfen Sie ihr vor allem, ihre Gefühle freier zu äußern – auf keinen Fall sollte sie sich hier für Dinge schämen müssen, die der Familie vielleicht unliebsam sind.

13. Die Tür zur inneren Welt öffnen

Ihre intellektuelle Begabung und ihre pragmatische Einstellung zum Leben vertragen sich nicht besonders gut mit ihrer starken Phantasie und ihren zutiefst verletzbaren emotionalen Wesen. In mancher Hinsicht ist sie eine heimliche Künstlerin und Mystikerin, wobei das Wort „Künstlerin“ nicht notwendigerweise bedeutet, dass eine der Künste ihr Lebensziel sein sollte. Es bedeutet lediglich, dass sie tief in ihrem Inneren ein instinktives Gespür für die tiefergehenden, geheimnisvolleren Seiten des Lebens hat, die nur über die unbekannten Gewässer der Gefühle und im inspirierten Aufflackern schöpferischer Phantasie zugänglich sind. Da diese schwer fassbare Dimension des Lebens oft bewirkt, dass sie sich überwältigt, verwirrt und hilflos fühlt, wird sie im Laufe ihres Heranwachsens wahrscheinlich Barrieren dagegen errichten. In ihrem Bemühen, sich gegen das Unsichtbare zu verteidigen, bekommt sie vielleicht zusätzlich Unterstützung durch wohlmeinende Familienmitglieder, die sich selbst vor der unbekannten Seite des Lebens fürchten, und von Lehrern, die sich durch alles bedroht fühlen, das sie nicht unter ein Mikroskop legen oder statistisch nachweisen können. Doch ihre innere Welt könnte ihr eine Quelle der Kraft sein und ihrem Leben Sinn geben. Sie braucht die Sympathie und die liebevolle Unterstützung ihrer Eltern und Familienangehörigen, die sie dazu ermutigen können, ihre innere Welt zu erforschen. Das erfordert nicht nur große Offenheit seitens der Familie, sondern auch die Einsicht, dass es mehr Dinge zwischen Himmel und Erde gibt, als sich unsere Schulweisheit träumen lässt.

III. Emotionale Bedürfnisse und Beziehungen

1. Seid ganz und gar mein!

Ganz im Einklang damit, dass sie sich zutiefst mit anderen identifiziert, braucht sie in ihren Beziehungen zu anderen Menschen vor allem das Gefühl, dass sie emotional immer hundertprozentig für sie da sein werden. Auch wenn sie ihre emotionalen Bedürfnisse in starker körperlicher Aktivität oder einem auffallend selbstbezogenen Verhalten äußert, sehnt sie sich doch in Wirklichkeit nach Nähe und emotionaler Intensität. Da sie tiefe, unveränderliche Bindungen eingeht, will sie die Menschen, die sie liebt, auch ganz und gar besitzen und zeigt sich wenig geneigt, ihre Zeit, Aufmerksamkeit und Zuneigung mit anderen zu teilen – es sei denn, man macht ihr klar, dass ein solches Nachlassen des Interesses vorübergehend und bedeutungslos ist. Gefühlsintensität ist ein besonders deutliches Merkmal der Art und Weise, wie sie mit anderen umgeht. Im Gegenzug braucht sie ebenfalls eine deutliche Demonstration starker Gefühle – und sei es in der Form von Wut -, um die Beziehung als real zu erleben. Eine emotional gehemmte Atmosphäre zu Hause ist schmerzlich und enttäuschend für sie, und wenn geliebte Menschen nicht da sind, wird sie sie schrecklich vermissen (und erwarten, dass sie ihnen ebenso sehr fehlt). Ihre Beziehungen müssen etwas Theatralisches haben, und deshalb könnte sie dramatische Szenen heraufbeschwören, nur um die Stimmung ein wenig aufzuheizen und sicherzugehen, dass dem geliebten Menschen die Beziehung ebenso wichtig ist wie ihr selbst. Kühle, uninteressierte Reaktionen werden als demütigend erlebt und könnten sie zu Wutanfällen oder beleidigtem Schmollen veranlassen – oder, was

Schulfreunde angeht, zu einer olötzlichen und totalen Ablehnung des anderen Kindes.

Ihre fruchtbare Vorstellungsgabe und die dramatische Intensität ihrer Gefühle sorgen dafür, dass sie sich am glücklichsten fühlt, wenn ihre Beziehungen zu anderen etwas Geheimnisvolles und Zauberhaftes haben. Mit ihr zusammen aufregende Ausflüge und Erkundungen zu unternehmen, bei denen man ihre Begeisterung teilen kann, und ihr täglich für einige Zeit absolute und ununterbrochene Aufmerksamkeit zu widmen, kann weitaus wichtiger sein, als dafür zu sorgen, dass um Punkt sieben Uhr ein perfektes Abendessen auf dem Tisch steht. Sie neigt dazu, die Menschen, die sie liebt, als Gestalten eines farbenfrohen Märchens zu sehen. Sie verfügt zwar über eine bemerkenswerte Widerstandskraft und hat auch einiges Verständnis für die dunkleren Seiten menschlicher Emotionalität, doch sie kann es nicht ertragen, wenn ihre farbenprächtigen Träume unter dem Gewicht von zu viel immer Gleichem und alltäglicher Routine erdrückt werden. Vielleicht scheint sie deshalb in ihren Freundschaften manchmal etwas launisch und unbeständig zu sein – nicht, weil es ihr an Mitgefühl fehlen würde, sondern weil sie eine phantasielose Gesellschaft abstumpfend findet.

Für sie ist vor allem das Gefühl emotionaler Nähe unerlässlich, damit es ihr gut geht, und deshalb wird sie stets versuchen, die Menschen zu besitzen, die sie liebt und braucht. Niemand kann für unbegrenzte Zeit mit einem anderen Menschen emotional verschmolzen bleiben, denn es liegt in der Natur des Menschen, sowohl Getrenntheit als auch Nähe zu brauchen. Folglich wird es für sie eine der wesentlichen Herausforderungen während ihrer Kindheit sein, die unvermeidliche Verletztheit und Wut zu überwinden, die in ihr aufsteigen, wenn geliebte

Menschen sich als getrennte Einzelwesen und nicht als bloße Verlängerungen ihrer eigenen Person erweisen. Auch sie braucht gelegentlich die Freiheit, sich in ihre innere Welt zurückzuziehen, doch wird sie dies wahrscheinlich eher für sich selbst in Anspruch nehmen, als es den Menschen zuzugestehen, die sie liebt. Ihr stark intuitives emotionales Wesen erkennt den Unterschied zwischen einem subtilen, aber echten Gefühl gegenseitigen Austausches und einer augenfälligen Demonstration pflichtschuldiger Selbstaufopferung, der es an echter Wärme fehlt. Ein derartiger Austausch kann nicht durch praktische Gesten oder wortreiche Liebeserklärungen hergestellt werden, hinter denen sich Desinteresse oder Verstellung verbirgt. Hier wird ihr von Natur aus weises Herz immer das Echte erkennen – auch wenn es nicht rund um die Uhr zu haben ist.

2. Der Vater als Verkörperung von Struktur und Ordnung

Sie sieht ihren Vater als eine Verkörperung von Struktur, Ordnung und Dauerhaftigkeit, als Gebieter der unveränderlichen Gesetze und Gebote des Lebens, die ihr ein Gefühl der Sicherheit und Kontinuität geben können. Dieses Bedürfnis nach einem Vater, der ein Vorbild weltlicher Stärke ist, wird sich, solange sie noch so klein ist, vor allem in ganz konkreten Formen äußern – sie wird die regelmäßige und zuverlässige körperliche Anwesenheit ihres Vaters und eine väterliche Autorität brauchen, die ihr das dringend benötigte Gefühl der Sicherheit gibt. Doch wenn sie heranwächst, wird dieses Bedürfnis allmählich eine tiefer gehende Seite aufweisen – ein Gefühl emotionaler Beständigkeit, das ebenso wichtig ist wie praktische Zuverlässigkeit. Natürlich kann kein Vater, wie arbeitsam und verantwortungsvoll er auch sein mag, ununterbrochen und eisern konsequent sein, und es mag Zeiten geben, zu denen sich ihr Vater nicht gerade besonders solide und zuverlässig fühlt. Außerdem könnten es Umstände wie Konflikte innerhalb der Familie oder berufliche Zwänge mit sich bringen, dass Vater und Tochter weniger gemeinsame Zeit zur Verfügung haben, als ihnen lieb wäre. Doch es kommt auf die Qualität der Beziehung an, und nicht darauf, wie oft und wie lange man sich sieht. Selbst wenn eine Trennung nur unregelmäßige Besuche erlaubt, ist es wichtig, dass diese Zeiten sich durch ein Gefühl der Kontinuität und des Vertrauens auszeichnen. Da ihr Vater ihr als ein Symbol all dessen erscheint, was im Leben sicher und zuverlässig ist, könnte sie ängstlich werden und sich abgelehnt fühlen, wenn der Vater sich nicht die Mühe macht, sie zu ermutigen und ihr dabei zu helfen, mit dem Leben zurecht zu kommen. Am meisten braucht sie von ihrem Vater das Gefühl, dass er immer da sein wird, ganz gleich, was geschieht, und dass er seinen Prinzipien – und seiner

Tochter – treu bleiben wird, ganz gleich, welches Chaos in der Außenwelt auch ausbrechen mag.

Natürlich wird dieses Bedürfnis nach starker väterlicher Autorität unweigerlich dazu führen, dass sie gerade gegen das anrennt, was sie am meisten braucht. Während sie dieses mächtige archetypische Bild der Stärke und Selbständigkeit allmählich verinnerlicht, wird sie ihren eigenen Willen an dem des Vaters messen und vielleicht auch die Werte ihres Vaters für eine Weile ablehnen müssen, um zu beweisen, dass sie unabhängig ist und Entscheidungen alleine treffen kann. Es ist sehr wichtig, dass ihr Vater auf solche Phasen nicht mit Wut oder Rückzug reagiert, denn sie empfindet tiefen Respekt und Bewunderung für ihn, auch wenn sich diese Bewunderung als Widerstand gegen die väterliche Autorität äußert. Da diese Beziehung so wichtig für ihr sich entwickelndes Gefühl innerer Stärke ist, wird sie wahrscheinlich versuchen, dem Bild zu entsprechen, das sie von ihrem Vater hat – das heißt, sie will selbständig sein und alleine zurecht kommen können. Auf der emotionalen Seite der Beziehung mag es Schwierigkeiten geben, wenn ihr Vater nicht versteht, wie wertvoll und wichtig seine Gegenwart für seine Tochter ist. Es wäre mehr als traurig, wenn sich Vater und Tochter voneinander entfernen würden, weil beide fälschlich glauben, der bzw. die andere würde ihn bzw. sie ablehnen. Der Vater sollte bereit sein, die Tatsache zu akzeptieren, dass ein gewisser Widerstand gegen seine Autorität einfach dazugehört, wenn seine Tochter ihn liebt und braucht; dann wird sie nicht nur in der Lage sein, auf ein inneres Bild von ihrem Vater aufzubauen, das ihn als Verkörperung von Zuverlässigkeit und Stärke zeigt, sie wird auch größeres Vertrauen zu den Männern entwickeln können, die später in ihr Leben treten. Außerdem werden dem Vater alle Bemühungen um eine beständige emotionale Verbindung zu seiner Tochter auch dabei helfen, neue innere Kräfte in sich selbst zu entdecken.

3. Die Mutter als Quelle emotionaler Macht und Tiefe

Sie sieht ihre Mutter als eine Gestalt, die über große emotionale Macht und Tiefe verfügt. Das Bild grenzt ans Märchenhafte, denn die Tochter sieht geheimnisvolle verborgene Tiefen in ihrer Mutter, die sie faszinieren und vielleicht auch ein wenig ängstigen. Es spielt keine Rolle, ob sich die Mutter müde, gestresst und alles andere als tiefgründig und mächtig fühlt, denn die Tochter nimmt sie nicht einfach als „Mutter", sondern als ein geheimnisvolles und zauberhaftes Wesen wahr, und sie wird versuchen, mit einer Mischung aus fester Treue, Ehrfurcht und auch ein bisschen Angst auf ihre emotionalen Bedürfnisse einzugehen. Auf der tiefsten Ebene wünscht sie sich, dass ihre Mutter vielschichtig, subtil und unbegreiflich ist. Das Reich des Emotionalen, das die Tochter gemeinsam mit ihrer Mutter erforschen will, hat nichts mit jener Art von oberflächlichem emotionalem Austausch zu tun, bei dem man sich gegenseitig einen angenehmen Tag oder ähnliches wünscht. Sie ist sehr aufmerksam und weiß, dass die Menschen viel komplizierter sind, als es den Anschein haben mag. Je größer die emotionale Aufrichtigkeit zwischen Mutter und Tochter ist und je besser ihre Mutter in der Lage ist, ihre eigenen wirklichen Gefühle zu akzeptieren und zu äußern – auch wenn diese intensiv oder von einem konventionellen Standpunkt aus betrachtet „nicht annehmbar" sind -, desto besser wird sie den Wert ihrer eigenen tieferen Gefühle verstehen können. Das wird ihr eine vernünftige und gesunde Selbsteinschätzung ermöglichen, so dass sie tolerant und einfühlsam gegenüber der ganzen Bandbreite menschlicher Emotionen ins Leben hinaustreten kann.

Sie ist äußerst empfänglich für das verborgene emotionale Leben ihrer Mutter und erspürt vielleicht mehr, als der Mutter selbst bewusst ist.

Wollte man dunkle Familiengeheimnisse vor ihr verbergen, so könnte das sehr verletzend für sie sein und sie verunsichern, denn sie wird es wissen, wenn ihre Mutter sie zu täuschen versucht – selbst wenn es keine absichtliche Täuschung ist. Auch den unterdrückten Zorn oder Ärger der Mutter wird sie so deutlich erkennen, als hörte sie im Radio davon, und dann könnte sie sehr ängstlich werden. Sie fürchtet sich nicht vor den Tiefen ihrer Mutter – nur vor ihrem Schweigen und ihrer Weigerung, ihre Gefühle zu äußern. Das Mädchen braucht keine Mutter, die immer nett, gütig und zuvorkommend ist. Sie liebt und bewundert ihre Mutter, weil sie geheimnisvoll ist und vielfältige, tief empfundene Gefühle hat – auch wenn diese Gefühle zuweilen sehr roh sein mögen. Doch jegliche emotionale Manipulation – z.B. ein drückendes Schweigen als Strafe für irgendeinen Fehltritt – kann eine höchst unnötige Bedrohung für sie darstellen. Sie sieht in ihrer Mutter auch eine emotional starke Frau, die keineswegs ein hilfloses Opfer ihrer Lebensumstände ist. Ein demonstratives Martyrium ihrer Mutter, das sie als Verstellung erkennt, würde sie zutiefst verwirren. Diese seltene und besondere Verbindung aufgrund einer tiefen emotionalen Affinität von Mutter und Tochter kann für beide sehr heilsam sein, und beide können hier Verständnis und Anteilnahme finden. Deshalb muss sich diese Beziehung im hellen Licht bewusster Ehrlichkeit abspielen und darf nicht in das Schattenreich des Unbewussten abgedrängt werden. Mit ihrer Hilfe kann sie entdecken, dass ihre eigenen starken Emotionen und Leidenschaften einen reichen, wertvollen Teil ihres Lebens als Frau darstellen.

IV. Ängste und Unsicherheiten

1. Die Angst, zu niemandem zu gehören

Wie man angesichts ihrer Besorgtheit um andere und ihrer Identifizierung mit ihnen erwarten darf, braucht sie das Gefühl der Verwurzelung in der Kontinuität und Vergangenheit ihrer Familie. Wie unabhängig sie manchmal auch scheinbar sein mag, unbewusst erwartet sie, dass ihre Familie die dauerhafte und unzerstörbare Realität schlechthin darstellt. Sie erwartet von der Familie die Gewissheit, dass sie an einen bestimmten Platz gehört und immer wieder nach Hause zurück kommen kann, wohin ihr Leben sie auch führen mag. Wenn sie heranwächst, wird sie daher nicht nur ein besonderes Interesse für die Geschichte ihrer Eltern, sondern auch für die der Großeltern und Urgroßeltern und selbst noch entfernter Verwandter zeigen. Doch gleichzeitig ist sie sich instinktiv auch der Gefahren bewusst, die es mit sich bringt, im Gefühl der eigenen Identität von der Familie abhängig zu sein. Ihre in der Entwicklung befindliche Individualität wird durch unbewusste emotionale Erwartungen und Forderungen bedroht, die auf die Mythen der Familie zurückgehen. Sie ist zwar noch sehr jung, doch sie ist sich zutiefst der Tatsache bewusst, dass ihre Freiheit, sich einen eigenen Lebensweg zu suchen, umso geringer ist, je stärker sie sich an den Geist der Familie bindet. Daher könnten ihre Gefühle in Bezug auf ihre Familie recht konfliktgeladen sein, so dass sie möglicherweise gegen deren Werte und Erwartungen ankämpft, wenn sie älter wird. Vor allem könnte sie versuchen, ihren Willen gegenüber ihrem Vater zu behaupten – nicht, weil ihr Vater irgendetwas falsch gemacht hätte, sondern weil der Vater für sie ein Symbol für die Kontinuität der Vergangenheit und die Stabilität der Gegenwart ist.

Man kann von keinem Kind erwarten, dass es mit einem solchen Konflikt spielend zurechtkommt, und auch die meisten Erwachsenen dürften kaum dazu in der Lage sein. Wahrscheinlich ist sie sehr bekümmert und erregt über ihre eigenen verwirrten Gefühle und Verhaltensweisen. Sie sehnt sich danach, sich in der Familientradition sicher und geborgen zu fühlen, befürchtet aber zugleich, von der Familie abgelehnt zu werden. Doch sie muss sich von der emotionalen Identifizierung mit der Familie lösen, um ihre eigenen Ziele und Werte zu finden. Wahrscheinlich zeigt sie bestimmte Abwehrmechanismen gegen ihre tiefe Angst, ausgestoßen zu werden – denn gerade dies nimmt sie jedes Mal unbewusst vorweg, wenn sie versucht, ihre eigene Identität gegenüber der Familie zu behaupten. Vielleicht versucht sie sich auch durch einen etwas frühreifen Gebrauch ihrer intellektuellen Fähigkeiten von ihren emotionalen Bindungen zu distanzieren. Indem sie sich für intelligenter hält als die anderen Familienmitglieder und Interessen pflegt, die sie nicht mit ihr teilen, könnte sie sich die Illusion schaffen, emotional unabhängig von ihnen zu sein. Wenn sie älter wird, könnte sie die gesellschaftliche und materielle Position der Familie ebenso ablehnen wie deren Werte und sich einer Gruppe Gleichaltriger anschließen, die einen anderen sozialen Hintergrund repräsentiert. Mit dem Versuch der Identifikation mit einer Gemeinschaft, die sich radikal von ihrer eigenen Herkunft unterscheidet, könnte sie nach einem Gefühl der Unabhängigkeit streben, während sie gleichzeitig die Sicherheit der Gruppe als Ersatzfamilie braucht.

Da sie große Angst hat zu versagen, braucht sie die Zustimmung der Familie – und besonders ihres Vaters – als Bestätigung ihres eigenen Wertes. Doch ebenso gut könnte sie sich gegen diese Abhängigkeit von der Bestätigung durch die Familie wehren; dann würde sie – offen oder auf subtile Weise – ihre eigene Stellung innerhalb der Familie untergraben und unbewusst dafür sorgen, dass sie die Hoffnungen und Erwartungen der Eltern durchkreuzt – selbst wenn diese mit ihren eigenen Hoffnungen und Erwartungen übereinstimmen. Möglicherweise ist sie zutiefst verwirrt über ihr eigenes widersinniges Verhalten, denn sie braucht dringend Lob und Bestätigung – nicht nur dafür, dass sie irgendetwas gut gemacht hat, sondern dafür, wer sie wirklich ist. Doch sie könnte es den Eltern durch ihr Verhalten schwer machen, ihr dieses Lob und diese Bestätigung zuteilwerden zu lassen.

2. Mit der eigenen Herkunft leben lernen

Hinter ihren sehr persönlichen Verteidigungsmechanismen verbirgt sich ein fundamentales menschliches Dilemma. Die Familie ist sowohl unsere grundlegende soziale Einheit als auch die Quelle erster Erfahrungen von Liebe, Rivalität, Trennung, Kommunikation und des Miteinander-Teilens. Die Psychologie hat die Bedeutung der Familie für die individuelle Entwicklung immer besonders hervorgehoben – wenngleich weisere Psychologen auch betont haben, dass die Zukunft eines Menschen in Wirklichkeit nicht von dem bestimmt wird, was seine Familie getan oder unterlassen hat, sondern eher davon, was er aus seiner Vergangenheit macht. Für sie ist die Familie der Anfang von allem, und ihr Gefühl der eigenen Stabilität hängt stark davon ab, dass sie eine Vergangenheit besitzt und in einer Reihe vieler Generationen von Menschen steht, die durch Blutsverwandtschaft und gemeinsame Erfahrungen miteinander verbunden sind. Ohne dieses Bewusstsein einer Vergangenheit kann sie nicht vorwärts in die Zukunft schreiten, und deshalb hat sie ein großes Bedürfnis, sich als Teil einer engen familiären Einheit zu empfinden Doch die Familie kann auch der wichtigste Schauplatz von Angst, Schmerz und Betrug sein. Negative Abläufe, die es selbst innerhalb der liebevollsten und besten Familie gibt, können ebenso destruktiv sein wie eine körperliche Verletzung und halten in ihrer Wirkung möglicherweise sehr viel länger an. Das weiß sie auf einer tieferen Ebene und vertraut weder ihrer Familie noch ihrem eigenen Bedürfnis nach ihr völlig. Diese Furch wurzelt in einem allgemeinen menschlichen Problem und keineswegs nur in ihrer lebhaften Phantasie.

Das Leben stellt uns alle vor bestimmte Herausforderungen, und sie wird auf die eine oder andere Weise während ihrer ganzen Kindheit und auch ihr ganzes Erwachsenenleben lang mit der Herausforderung zu tun haben, die ihre Familie und ihr Verhältnis zu ihr für sie darstellen. Wenn die Eltern ihr helfen wollen, die Kräfte und Mittel zur Bewältigung dieser Herausforderung zu finden, so am besten, indem sie sich selbst deutlicher bewusst werden, was die Familie für sie bedeutet. Erwartet man von ihr, es einfach als gegeben hinzunehmen, dass die Familie immer recht hat und gut ist, und erlaubt man ihr nie, die Dynamik innerhalb der Familie zu hinterfragen oder ihre Autorität zu bezweifeln, so wird das ihre Zuversicht schwächen und es ihr auf ihrem Weg ins Erwachsenenleben sehr schwer machen, auf sich selbst zu vertrauen. Der Groll und die Wut, die daraus entstehen, könnten sie dann schließlich der Familie entfremden, was für sie selbst sehr schmerzlich wäre. Die Eltern sollten ihr gegenüber ehrlich, einsichtig und dazu bereit sein, sich eher realistisch als sentimental mit bestimmten Dingen innerhalb der Familie auseinanderzusetzen – auch wenn das bedeuten mag, offen und fair über konventionell nicht akzeptable Themen wie z. B. eine Trennung, eine Scheidung oder die „Sündenböcke“ in der Familie zu sprechen. Auf der Grundlage einer solchen ehrlichen Kommunikation wird sie dann ein Gefühl echten Vertrauens aufbauen können. Dieses Vertrauen zu ihrer Familie ist für sie von entscheidender Bedeutung, da ihre Liebe und Loyalität der Familie gegenüber sehr groß sind und sie immer in der Hoffnung nach Hause zurückkommen wird, einen vertrauten Platz zu finden, der ihr Sicherheit, Wärme und Integrität bietet.

V. Ausblick auf die Zukunft

1. Die Faszination anderer Menschen

Sie verwendet zwar ihre Kraft und Hingabe hauptsächlich auf andere Menschen, doch zugleich ist für sie auch die ganze weite Welt höchst interessant, und alles ist es wert, studiert zu werden. Wahrscheinlich interessiert sie sich besonders für andere Menschen. Deshalb wird sie schon früh viel Kontakt und Gelegenheit brauchen, Gedanken und Ideen mit anderen auszutauschen. Ihr fragender Verstand und ihr Verlangen nach einer möglichst umfassenden Lebensanschauung machen sie wahrscheinlich zu einer energischen und lebhaften Schülerin, und mit ihrem Bedürfnis, anderen ihre Ideen mitzuteilen, passt sie gut in eine Klasse, in der Zeit für Diskussionen und Gespräche ist. Das Lernen ist vermutlich eine überaus positive Erfahrung für sie, allerdings mit einer möglichen Einschränkung: sie könnte manche Fächer und Lehrer zu spezialisiert und engstirnig finden, und es mag ihr schwerfallen, vielbenutzte Ideen zu akzeptieren, die zwar allgemein anerkannt sein mögen, aber nicht mehr ganz auf der Höhe der Zeit sind. Da sie dazu in der Lage ist, sich einen bestimmten Gegenstand gründlich und sorgfältig, Schritt für Schritt zu erarbeiten, könnten sich Fächer wie Mathematik oder Physik als äußerst interessant für sie erweisen. Wie und warum die Dinge funktionieren, wird eine stets faszinierende Frage für sie sein. Doch sie will auch wissen, welche Verbindungen zwischen bestimmten Tatsachen oder Vorstellungen und anderen Gegebenheiten oder Ideen bestehen. Wenn ihr ihre Schule einen solchen alles umfassenden Überblick nicht vermitteln kann, sind eine gute Enzyklopädie zu Hause sowie das Interesse und die Bereitschaft der Eltern, alle möglichen Ideen mit ihr zu diskutieren, unerlässlich, um diese Lücke zu füllen.

Ihr Denken zeigt große Tiefe – sie muss ihren Studien auf ihre eigene Art und Weise nachgehen und ihr Tempo selbst bestimmen können. Obwohl sie Freude daran hat, Dinge aufzunehmen und sich von anderen anregen zu lassen, mag sie sich schüchtern und zurückhaltend zeigen, wenn es darum geht, ihre eigenen Ideen vor einer Gruppe zu äußern. Sie fühlt sich ihrer geistigen Fähigkeiten manchmal unsicher und mag sich zwar schnell an die schulischen Anforderungen gewöhnen, aber nur sehr zögernd eigene, wirklich originelle Beiträge leisten, weil sie sich davor fürchtet, sich in den Augen Gleichaltriger zum Narren zu machen.

Vor allem sollte man die umfassenden und fortschrittlichen Eigenschaften ihres Verstandes erkennen und unterstützen. Sie kann zwar ohne Weiteres mit logischen Vorstellungen und Konzepten arbeiten, doch braucht sie auch die Möglichkeit zu spekulativem Denken. Je umfassender der Lehrplan ist und je flexibler die einzelnen Lehrer sind, desto glücklicher wird sie in der Schule sein. Außerschulische Aktivitäten, die das Lernen fördern – Vereine, Organisationen und zusätzliche Lehrgänge oder Kurse – könnten sich ebenfalls als hilfreich erweisen, und auch Reisen und der Kontakt mit anderen Kulturen und Sprachen würden ihre Neugier in Bezug auf das Leben und die Menschen inspirieren. Am hilfreichsten aber wäre ein aktives geistiges Leben innerhalb der Familie, das Lernerfahrungen und die Erforschung von Ideen ebenso respektiert wie die eher praktischen Seiten des Lebens.

2. Entwicklung durch die Beziehungen zu anderen

Tief in ihrem Inneren hat sie das deutliche Gefühl, dass die Menschen gegenseitig voneinander abhängig sind und dass es ohne den Spiegel, den einem die eigenen Beziehungen zu anderen vorhalten, unmöglich ist, eine individuelle Persönlichkeit auszuformen. Deshalb werden Beziehungen wahrscheinlich eine besonders wichtige Rolle für ihre Zukunft spielen – nicht nur die Familie, Freunde oder Freundinnen und Partner, mit deren Hilfe sie ihr eigenes Wesen und ihre Bedürfnisse entdeckt, sondern auch der ganze, vielschichte Bereich menschlicher Beziehungen als ein Gebiet, das zu studieren sich lohnt und das ihr auch eine Berufung sein könnte, die ihrem Leben Sinn und Erfüllung gibt.

Ihr Realismus, der sich in seiner ganzen Stärke und Ausdauer erst zeigen wird, wenn sie die Kindheit hinter sich zurücklässt, wird ihr immer helfen, mit beiden Beinen auf dem Boden zu bleiben. So wird sie sich durch ihren Austausch mit anderen viel Weltklugheit aneignen, und selbst schwierige Beziehungen werden dazu beitragen, dass sie weiter heranreift. Auf ihrem Weg zum Erwachsensein wird sie das Gefühl brauchen, dass sie etwas Reales und Konkretes zum Wohlergehen anderer beiträgt. Ihr Bedürfnis, die geheimnisvolle Frage zu ergründen, warum die Menschen sich gegenseitig anziehen oder abstoßen, kann ihr nicht nur emotionale Herausforderung bieten, sondern auch eine kreative und fruchtbare Berufung für sie darstellen.

Besonders wichtig ist, dass Beziehungen sowohl die wesentlichen Sprungbretter als auch die härtesten Lektionen in ihrem Leben sein werden. In vieler Hinsicht wird sie nicht wirklich sie selbst sein können, solange sie nicht in der Lage ist, sich von der emotionalen

Verschmolzenheit der Kindheit weg und hin zu einer ausgeglicheneren Art der Interaktion im Erwachsenenleben zu bewegen. Wenn sie erkennt, dass sie im Grunde ein getrenntes Wesen ist, wird dies schließlich nicht nur ihre größten Begabungen, sondern auch ein Gefühl der Hingabe an eine Berufung zum Vorschein bringen, bei der sie mit anderen zusammenarbeitet. Dieser Übergang ins Leben könnte mehrere Krisen und Brüche in Partnerschaften, Freundschaften oder bei der Zugehörigkeit zu bestimmten Gruppen erfordern. Für sie wird es nötig sein, das ganze Spektrum menschlicher Begegnungen zu erforschen, um herauszufinden, wer sie ist und was sie im Leben erreichen will. Es ist zu hoffen, dass die Eltern sie im Laufe ihres Heranwachsens dazu ermutigen, aus ihren Erfahrungen zu lernen, satt sie für ihre recht unkonventionelle Einstellung zu persönlichen Beziehungen zu tadeln. Der Geist, der sie führt, wird – bewusst oder unbewusst – im Spiegel anderer Menschen nach Selbsterkenntnis suchen. So wird sie eines Tages als Erwachsene, wirklich weise in Bezug auf all die unzähligen Ebenen menschlicher Interaktion sein.

yes

I **want** morebooks!

Buy your books fast and straightforward online - at one of the world's fastest growing online book stores! Environmentally sound due to Print-on-Demand technologies.

Buy your books online at

www.get-morebooks.com

Kaufen Sie Ihre Bücher schnell und unkompliziert online – auf einer der am schnellsten wachsenden Buchhandelsplattformen weltweit!
Dank Print-On-Demand umwelt- und ressourcenschonend produziert.

Bücher schneller online kaufen

www.morebooks.de

SIA OmniScriptum Publishing
Brivibas gatve 1 97
LV-103 9 Riga, Latvia
Telefax: +371 68620455

info@omniscriptum.com
www.omniscriptum.com

Printed by Books on Demand GmbH, Norderstedt / Germany